Katja Reider

Vertragen wir uns wieder?

Versöhnungsgeschichten, die Kindern helfen

Illustriert von Kerstin Völker

Loewe

Bibliografische Information Der Deutschen Bibliothek
Die Deutsche Bibliothek verzeichnet diese Publikation
in der Deutschen Nationalbibliografie;
detaillierte bibliografische Daten sind im Internet
über http://dnb.ddb.de abrufbar.

ISBN 3-7855-4347-6 – 1. Auflage 2003
© 2003 Loewe Verlag GmbH, Bindlach
Umschlagillustration: Kerstin Völker
Redaktion: Rebecca Schmalz
Herstellung: Sandra Lautner

www.loewe-verlag.de

Inhalt

Liebe Eltern,

ärgern, zanken, streiten – laut und aufgebracht oder leise und bissig –, wir kennen viele Varianten der Auseinandersetzung, aber glücklicherweise auch viele Möglichkeiten, uns wieder zu versöhnen!

Wir wissen: Unterschiedlicher Meinung zu sein gehört zum Leben! Wenn früher jemand von sich behauptete, „nie" zu streiten, galt er als Vorbild, heute jedoch setzt er sich der Kritik aus. Denn wer um jeden Preis Streit vermeidet, schluckt Ärger hinunter, kehrt Probleme unter den Teppich – bis dort kein Platz mehr ist. Und dann?

Wer Kinder hat, weiß, dass sie anders streiten als Erwachsene: offen, wütend und oft kompromisslos.

Wenn ich jetzt auch noch mit Michel streite, habe ich keinen einzigen Freund mehr in der Spielgruppe, also lasse ich das mal lieber! – So denken Kinder nicht! Sie sind keine Strategen wie wir Erwachsenen. Sie leben im Augenblick. Die Konsequenzen ihres Handelns kümmern sie nicht.

Wenn Kinder wütend sind, sind sie wütend – basta!

Oftmals versöhnen sich die Kleinen aber genauso schnell wieder, knüpfen bei einem Spiel ganz selbstverständlich dort an, wo sie es vor dem Streit abgebrochen haben, werfen sich in die Arme der Mutter, auf die sie eben noch „supersauer" waren. Als wäre nichts gewesen.

Manchmal aber endet Streit nicht so glimpflich, und Kinder finden nicht heraus aus der Wut, dem Beleidigtsein und der damit verbundenen Isolation. Wenn eine Entschuldigung schwer fällt, müssen wir ihnen Wege zur Versöhnung aufzeigen, ohne ihnen das Zepter aus der Hand zu nehmen. Kein „Nun-gebt-euch-schön-die-Hand-und-vertragt-euch-Wieder", sondern kleine, richtungsweisende Hilfestellungen.

Die vorliegenden Geschichten orientieren sich an der Alltagswelt von Kindern. Nehmen Sie doch das gemeinsame Lesen zum Anlass, mit Ihrem Kind über aktuelle oder vergangene Streit- und Versöhnungssituationen zu sprechen! Vielleicht wird sich Ihr Kind in einigen Geschichten wieder erkennen, vielleicht wird es Ihnen sagen, dass es sich „gaaanz anders" verhalten hätte als die Figuren im Buch, oder es berichtet Ihnen von einer Auseinandersetzung (oder einer Versöhnung), von der Sie bisher noch gar nichts wussten. Lassen Sie sich überraschen ...!

Nicht ohne meine Molli!

Lena sitzt auf der Schaukel und baumelt mit den Beinen.

Ist es nicht längst Abendbrotzeit? Komisch, dass Mama sie noch nicht hereingerufen hat!

Lena schlendert zum Haus und horcht. War das nicht eben Papas Stimme? Warum ist er denn nicht in den Garten gekommen, um Lena Hallo zu sagen?

Vor dem offenen Küchenfenster bleibt Lena stehen und spitzt die Ohren. Papas Stimme klingt irgendwie fremd. Nicht so ruhig wie sonst, sondern laut und wütend.

Jetzt ist auch Mamas Stimme zu hören. Lena kann nicht verstehen, was ihre Mutter sagt, aber es klingt ziemlich aufgeregt!

Lena zuckt zusammen: Mama und Papa streiten! Das kommt nur ganz selten vor. Wenn überhaupt. Mama predigt ständig, dass sich alles im Leben friedlich regeln lässt.

Wenn sich Lena mit ihrer Freundin Steffi zankt, dauert es nie lange, bis Mama sich einmischt. Dabei sind Lena und Steffi bei ihrem schlimmsten Streit bestimmt nicht halb so laut gewesen wie Mama und Papa jetzt!

Lena überlegt. Ob sie einfach in die Küche gehen und Mama und Papa bitten soll, mit der Zankerei aufzuhören?

Unschlüssig knabbert Lena an ihren Fingernägeln. Nein, am besten, sie schleicht in ihr Zimmer und wartet ab.

Lena muss noch nicht mal besonders leise sein. Mama und Papa sind so laut, dass sie Lenas Schritte ohnehin nicht hören können.

In ihrem Zimmer kniet Lena vor Mollis Käfig.

Aufmerksam schaut das Meerschweinchen Lena mit seinen schwarzen Knopfaugen an. Keine Frage – Molli ist das klügste Tier der Welt!

Lena seufzt: „Molli, was meinst du: Haben sich Mama und Papa nicht mehr lieb?"

Lenas Gedanken schlagen Purzelbaum: Was, wenn ihre Eltern nicht mehr zusammenleben wollen, so wie die Eltern von Paula aus Lenas Kindergarten? Paula sieht ihren Papa nur noch am Wochenende. Und ihren kleinen Hund hat sie weggeben müssen, weil in der kleinen Wohnung, in der Paula jetzt mit ihrer Mama lebt, Haustiere verboten sind ...

Lena bekommt einen Schreck: HAUSTIERE VERBOTEN!?!

Mit einem Satz springt sie auf und rennt die Treppe hinunter. Lena reißt die Küchentür so heftig auf, dass Mama und Papa auseinander fahren, und schreit: „Dass ihr es nur wisst: Wenn ihr euch schon unbedingt trennen müsst – ich trenne mich aber nicht von Molli! NIE! NIE IM LEBEN!!"

Mama und Papa starren Lena verwirrt an.

„Was redest du denn da, Mäuschen? Wir wollen uns nicht trennen! Und warum sollten wir dir Molli wegnehmen?"

Lena blickt von Mama zu Papa. So schnell gibt sie sich nicht zufrieden!

„Ich habe doch gehört, wie ihr euch gezankt habt!", ruft sie. „Und jetzt zieht Papa bestimmt aus, und wir bekommen eine neue Wohnung, eine, in die ich Molli nicht mitnehmen darf!"

Lena schluckt und versucht, die Tränen zurückzuhalten.

Mama und Papa werfen sich einen erschrockenen Blick zu. „Pass auf, Lena!", sagt Papa leise. „Es stimmt, wir haben uns gerade gestritten, ziemlich doll sogar. Aber nur darüber, wohin wir in Urlaub fahren – an die See oder ins Gebirge."

„Ja, und?", fragt Lena schniefend.

Mama lächelt. „Jetzt fahren wir eben auf eine Insel, auf der man auch wandern kann!"

„Wir haben uns schon wieder versöhnt", bekräftigt Papa.

Lena überlegt. „Stimmt, ihr habt eben ganz dicht beieinander gestanden!"

„Na, siehst du!" Papa und Mama nicken. „Du brauchst dir überhaupt keine Sorgen zu machen."

„Wir streiten uns eben auch mal", gibt Mama zu. „Das ist zwar nicht schön ..."

„... aber manchmal ganz erfrischend", lächelt Papa.

Sie sind sich mal wieder einig.

„Also gut", sagt Lena. „Aber wenn ich das nächste Mal mit Steffi streite ..."

„... dann dürft ihr das auch allein regeln, und ich mische mich nicht ein. Selbst wenn die Wände wackeln!", verspricht Mama. „Und jetzt essen wir Abendbrot, einverstanden?"

„Einverstanden!", nickt Lena und kann schon wieder lächeln.

Wenn zwei
sich streiten ...

Jeden Nachmittag kommen Max und Moritz mit ihren Mamas
auf den großen Spielplatz im Stadtpark. Dort tauschen sie ihre
Bagger und Förmchen, backen Sandkuchen und buddeln Tunnel.
Währenddessen sitzen ihre Mütter daneben auf einer Bank,
trinken Tee aus Thermosflaschen und unterhalten sich.

So geht es tagein, tagaus.

Doch eines Tages kann Max sein Schäufelchen nicht finden
und fragt nach dem von Moritz.

Der aber will sein Schäufelchen
nicht hergeben. Auf keinen Fall!

Max lässt nicht locker. „Du kriegst es doch gleich wieder!"

„Nein!", schreit Moritz. „Das ist mein Schäufelchen!"

Da versucht Max, Moritz das Schäufelchen wegzunehmen. Doch Moritz hält sein Schäufelchen fest umklammert und schreit, so laut er nur kann.

Sofort kommen die beiden Mütter angerannt.

„Was ist denn hier los?", fragt die Mama von Max.

Max schnieft. „Der blöde Moritz will mir sein Schäufelchen nicht geben. Nicht mal ganz kurz!"

„Selber blöd!", kräht Moritz und versucht, Max gegen das Schienbein zu treten.

„Hör sofort auf damit!", ruft Moritz' Mama. „Sag, warum willst du denn Max dein Schäufelchen nicht geben?"

Moritz schnauft. „Weil ich es dann nie wieder kriege – ist doch klar!"

„So'n Quatsch!", meint Max und versetzt Moritz einen kräftigen Schubs.

„Was soll denn das?!", schimpft Max' Mama. „Du bist doch sonst nicht so, Schätzchen!"

„Wenn mich der Moritz doch ärgert …", schmollt Max.

„Klar", nickt seine Mama, „dann musst du dich schon wehren!"

„Aber doch nicht mit Schubsen!", ruft Moritz' Mama dazwischen.

„Immerhin", sagt Max' Mama giftig, „hat dein Moritz eben meinem Max gegen das Schienbein getreten."

„Ja, aber nur, weil dein Max versucht hat, meinem Moritz das Schäufelchen wegzunehmen!", entgegnet Moritz' Mama.

„Wir wissen ja alle", sagt Max' Mama, „dass dein Moritz schlecht teilen kann. Da ist mein Max ja ganz anders."

„Wie bitte?", fragt Moritz' Mama entrüstet. „Dein Max muss ja auch nie Spielzeug abgeben! Du vergisst es ja immer, und Max bedient sich dann bei anderen."

„Was soll das denn heißen?", schreit Max' Mama. „Dafür bringe ich ständig Tee für uns beide mit, und du hast noch nie ..."

„... Frechheit ...!"

„... Unverschämtheit ...!"

Max und Moritz aber hören dem Streit ihrer Mütter längst nicht mehr zu. Sie sitzen einträchtig zusammen im Sandkasten und buddeln Hand in Hand das tiefste Loch der Welt. Ob sie es heute bis zum anderen Ende der Erde schaffen ...?

Ganz bestimmt!

Krach mit Mama

Meistens hat Philipp einen Riesenhunger, wenn Mama ihn vom Kindergarten abholt. Aber heute nicht.

Heute haben die Kinder nämlich gefeiert. Philipps Freundin Fatma ist sechs Jahre alt geworden und hat einen großen Schokoladenkuchen mitgebracht.

„Mama, der Kuchen von Fatma hat noch besser geschmeckt als deiner", schwärmt Philipp. „Zwei Stücke habe ich gekriegt, dann war er leider alle."

„Du hast zwei Stück Schokoladenkuchen verdrückt?", fragt Mama entsetzt.

Philipp nickt. „Aber nur ganz kleine!"

Mama schüttelt den Kopf. „Dabei habe ich mir gerade heute so viel Mühe mit dem Mittagessen gegeben."

„Was gibt's denn?", fragt Philipp.

Mama lächelt. „Einen ganz leckeren Nudelauflauf. Der wird dir bestimmt schmecken!"

Der Tisch ist schon gedeckt. Mama nimmt den dampfenden Auflauf aus dem Ofen und löffelt eine Portion auf Philipps Teller.

„Sieht irgendwie komisch aus ...", murmelt Philipp und beäugt den Auflauf von allen Seiten.

Mama unterdrückt einen Seufzer. „Nun probier doch erst mal", sagt sie dann.

Zögernd stochert Philipp mit der Gabel im Auflauf. „Iiihh, da ist ja Gemüse drin!", mault er.

Mama verdreht genervt die Augen. „Das sind Möhren, die sind sehr gesund! Komm, iss!"

Demonstrativ steckt sich Mama selbst eine große Gabel voll in den Mund. „Hmm, lecker …!", macht sie und nickt Philipp auffordernd zu. „Probier doch mal!"

Aber Philipp schiebt seinen Teller weg. „Nee, die Nudeln sehen auch so komisch aus. Ich mag das nicht."

„Aber du hast ja noch nicht mal *probiert*!" Mama bemüht sich, ruhig zu bleiben. Aber Philipp spürt, dass sie am liebsten losbrüllen würde.

Er greift nach dem Salzstreuer und schiebt ihn auf dem Tisch hin und her. „Brumm, brumm" macht er, so, als wäre der Salzstreuer ein LKW. „Brumm …"

Mama ist plötzlich hochrot im Gesicht. „Weißt du eigentlich, wie lange ich heute in der Küche gestanden habe?", schreit sie plötzlich los. „Weißt du, dass ich extra nach der Arbeit zum Markt gerannt bin, um frische Möhren zu holen? Und du, du …" Mamas Gabel zerteilt wütend die Luft, „… du probierst den Auflauf noch nicht mal! Das ist doch eine Frechheit, wirklich!"

Mama steht auf und räumt scheppernd die Teller zusammen. Sie ist stocksauer!

Jetzt springt auch Philipp auf.

„Nur weil ich deinen doofen Auflauf nicht essen will, bist du gemein zu mir!", schreit er. Dann rennt er in sein Zimmer und schmeißt die Tür hinter sich zu.

Aber wohl ist Philipp nicht dabei. Streit mit Mama kann er nicht gut vertragen. Streit mit Mama tut weh!

Philipp schielt zur Tür: Ob Mama nach ihm schauen wird? So wie sonst?

Aber nein, die Tür will einfach nicht aufgehen.

Irgendwann hält Philipp es nicht mehr aus. Er schleicht in die Küche.

Dort sitzt Mama noch immer am Tisch. Sie trinkt eine Tasse Tee und sieht nicht mehr so wütend aus.

„Ich habe eine Idee, du kleine Nervensäge", sagt sie zu Philipp. „Wir machen jetzt eine Liste mit allen Dingen, die wir beide gerne essen, und dann stellen wir einen Plan für die nächste Woche auf. Aber was wir da reinschreiben, wird auch gegessen, einverstanden?"

Philipp nickt. Das klingt fair. Eifrig rennt er in sein Zimmer, um Block und Bleistift für Mama zu holen. Als er zurückkommt, sagt er leise: „Ich kann ja deinen Auflauf später nochmal probieren, wenn ich nicht mehr so viel Schokotorte im Bauch habe, ja?"

„Gerne", lächelt Mama und nimmt Philipp fest in den Arm.

Möhrentorte und eine große Überraschung

Es waren einmal zwei kleine Hasen, die zankten von früh bis spät.

Sie zankten beim Frühstück um den ersten Tropfen Honig und um die letzte Scheibe Knäckebrot.

Sie zankten mit ihren Hasenfreunden, bis sie keine mehr hatten.

Sie zankten um die Bauklötze, um die Spielzeugeisenbahn und um die einarmige Puppe.

Und abends zankten sie um den Platz auf Papas Schoß und darum, wer Mama den dickeren Gutenachtkuss gegeben hatte.

Die Haseneltern wussten sich keinen Rat mehr, wie sie das ewige Streiten be-enden sollten.

Aber dann kam Oma Hase zu Besuch.

„Passt auf, ihr beiden Streit-hasen", sagte Oma Hase.

„Wenn ihr es schafft, drei Tage lang friedlich zu sein, erlebt ihr eine große Überraschung!"

„Überraschung! Jaaa!!!", krähten die beiden Häschen und waren sich zum ersten Mal in ihrem Leben einig.

Zusammen malten sie ein riesengroßes Schild, auf dem stand:

Und immer, wenn die beiden kurz davor waren, sich in die Barthaare zu kriegen, deutete einer von ihnen schnell auf das Schild.

An ihrem ersten streitfreien Tag bauten die Hasenbrüder eine große Ritterburg, dann malten sie zusammen ein Bild für Opas Geburtstag.

Am zweiten Tag spielten sie Verstecken und Hüpfekästchen und halfen Mama beim Plätzchenbacken.

Am dritten Tag verkleideten sie sich als wilde Piraten, ließen sich von Papa durchkitzeln und Mama beim „Häschen-ärgere-dich-nicht"-Spielen gewinnen.

Die beiden hatten so viel Spaß, dass sie darüber fast ihre versprochene Überraschung vergessen hätten – bis Oma am vierten Tag eine große, goldgelbe Möhrentorte auf den Tisch stellte.

„Das ist meine Überraschung für euch, meine Häschen", sagte sie. „Aber die größte Überraschung habt ihr euch selber bereitet, meint ihr nicht auch?"

Die Hasenbrüder sahen sich an und kicherten.

Dann rannten sie in ihr Zimmer und malten ein neues Schild, auf dem stand: „Weniger Streit = mehr Spaß!"

Als die kleinen Hasen wieder am Tisch saßen, schnitt Mama die goldgelbe Torte an.

Und zum allerersten Mal stritten die beiden Häschen nicht, wer das erste Stück bekommen sollte.

Keine Frage, das erste Stück war für Oma!

Kleines  Monster

Fabian sitzt am Küchentisch. Er hat seinen großen Block herausgeholt und alle 24 Malstifte sorgfältig angespitzt. Schließlich soll das Bild für Papas Geburtstag besonders schön werden!

Mama nimmt ihren Einkaufskorb. „Ich gehe nur kurz zum Markt", sagt sie zu Fabian. „Bleibst du mit Linnea hier?"

Fabian nickt. „Alles klar!"

Kaum ist die Tür hinter Mama ins Schloss gefallen, kommt Linnea, Fabians kleine Schwester, angetrabt und greift mit ihren klebrigen Patschehändchen nach seinem Malblock.

„Lass das, Linnea!",
sagt Fabian.

„Nea auch malen!",
ruft seine Schwester.

„Kannst du ja", sagt
Fabian, „aber auf deinem
Block und mit deinen
Stiften! Und jetzt lass
mich in Ruhe!"

Einen Moment verzieht
Linnea ihren kleinen,
runden Mund, als wollte

sie losweinen. Aber dann überlegt sie es sich anders, schnappt
ihren Teddy und trottet aus der Küche.

Fabian fängt an zu malen. Es soll ein richtiges Urlaubsbild
werden: Mama, Papa, Fabian und Linnea am Strand, genau so,
wie es in drei Wochen sein wird!

Zuerst malt Fabian das Meer, tiefblau mit kleinen, weißen
Wellenkämmen, dann den Himmel, natürlich mit einer lachen-
den Sonne. Und jetzt das Schwierigste: die ganze Familie am
Strand.

Mama und Papa lesend unter einem großen Sonnenschirm.

Dann Linnea mit ihrem gepunkteten Hütchen und einer
Buddelschaufel.

Jetzt fehlt nur noch Fabian selbst: natürlich in der Badehose
mit dem nagelneuen Freischwimmer-Abzeichen, auf das er
sooo stolz ist!

Aber wie sieht dieses Abzeichen nochmal aus? Fabian will
lieber genau nachschauen!

Er sprintet ins Kinderzimmer und sucht seine Badehose.

Mit der Hose in der Hand rennt er zurück in die Küche.

„OH NEIN!!! Mein Bild!!! Mein schönes Bild!", ruft Fabian erschrocken.

Dicke rote Striche ziehen sich kreuz und quer über Himmel, Meer und Strand!

Linnea hält den Wachsmalstift, mit dem sie Fabians Bild zerstört hat, noch in der Hand.

„Nea auch gemaaalt!", kräht sie stolz.

Wutentbrannt stürzt sich Fabian auf seine Schwester, packt sie an den Schultern und schiebt sie aus der Küche.

Mit weit geöffneten Augen plumpst Linnea zu Boden und fängt an zu schreien.

„Sei still, Linnea!", brüllt Fabian wütend.

Dann stürzt er in sein Zimmer, rollt sich auf dem Bett zusammen und steckt sich die Finger in die Ohren. Soll sie doch brüllen! Er will nichts mehr hören und sehen von diesem grässlichen Schwester-Monster!

Etwas später spürt Fabian eine kleine, klebrige Hand in seinem Nacken.

„Iih, Linnea! Was hast du denn da?"

Fabian dreht sich um. Oh nein, Linnea hat einen Schokoriegel in der Hand! Fabians Lieblingssorte! Natürlich halb aufgeweicht!

„Geh weg!", brummt Fabian.

Aber Linnea lässt sich nicht abwimmeln. Auffordernd wedelt sie mit dem Riegel vor Fabians Nase herum.

„Fabi essen!", bittet sie.

Als Fabian nicht reagiert, versucht Linnea, ihm den Riegel in den Mund zu stopfen.

„Fabi essen! Fabi essen!", ruft sie immer wieder. Ihre blauen Augen blicken ihn flehend an.

Fabian gibt auf. Er öffnet den Mund und beißt in den Schokoriegel.

Linnea strahlt über beide Bäckchen.

„Fabi noch böse?", fragt sie.

Es ist schwer, böse zu sein, wenn man den Mund voll mit seiner Lieblings-Schokolade hat, merkt Fabian. „Du bischt ein kleinesch Monschter, weischt du dasch?", nuschelt er undeutlich.

Linnea nickt strahlend und zieht ihren großen Bruder hinter sich her in die Küche.

Dann malt Fabian ein neues Bild für Papas Geburtstag.

Es wird noch schöner als das erste – und die Sonne, die darf Linnea malen ...

Die zankenden Zwerge

Es waren einmal sieben Zwerge und eine wunderschöne Prinzessin, die lebten glücklich und zufrieden in einem kleinen Häuschen hinter sieben hohen Bergen.

Eines Morgens sprang die schöne Prinzessin schon früh aus den Federn, um frische Pilze zu sammeln.

Als sie mit ihrem gefüllten Körbchen heimkehrte, hörte sie die sieben Zwerge fürchterlich streiten.

Nanu! Das hatte es ja noch nie gegeben!

Flugs stellte die schöne Prinzessin ihr Körbchen ab und die zornigen Zwerge zur Rede.

„Könnt ihr mir erklären, was es an einem so schönen Morgen zu zanken gibt?", fragte sie streng.

„Wir streiten darüber, wen von uns du am allerliebsten hast", erklärte der älteste Zwerg. „Dabei ist doch klar, dass ich

der Glückliche bin, weil ich dir jeden Tag die leckersten Speisen zubereite!"

„Nein, mich hat sie am allerliebsten", rief der zweite Zwerg, „weil ich ihren Rosengarten hege und pflege wie kein anderer!"

„Nein, mich hat sie am allerliebsten", rief der dritte Zwerg, „weil ich unser Häuschen stets blitzblank und sauber halte!"

„Nein, mich hat sie am allerliebsten", rief der vierte Zwerg, „weil ich ihr frische Beeren und Kräuter aus dem Wald hole."

„Nein, mich hat sie am allerliebsten", rief der fünfte Zwerg, „weil ich dafür sorge, dass stets genug Brennholz im Haus ist und unsere schöne Prinzessin niemals frieren muss."

„Nein, mich hat sie am allerliebsten", rief der sechste Zwerg, „weil ich ihr auf meiner Fiedel die schönsten Lieder spiele und sie zum Träumen bringe."

Da fing der siebte und kleinste Zwerg plötzlich bitterlich zu weinen an. „Dann hat sie mich gar nicht lieb", schluchzte er, „denn ich bin noch so klein, dass ich gar nichts für sie tun kann!"

Die schöne Prinzessin nahm den klitzekleinen Zwerg auf ihren Arm und küsste ihn. „Dummerchen", sagte sie, „du bringst mich so oft zum Lachen. Das ist mindestens genauso wichtig wie alles andere."

Das ließen sich die Zwerge nicht zweimal sagen: Sie sprangen auf und hüpften fröhlich im Zimmer herum, sie zogen Grimassen, warfen ihre Mützen hoch in die Luft und kitzelten die Prinzessin an ihren schönen Füßen, bis sie vor Lachen prustete.

Als die Prinzessin endlich wieder zu Atem kam, sagte sie: „Ich habe euch doch alle gleich lieb. Alle sieben! So einen unsinnigen Streit wie eben will ich nie wieder erleben, versprochen?"

Das versprachen die sieben Zwerge und zankten nie wieder. Jedenfalls nicht darüber, wen die Prinzessin am liebsten hat.

Der Superflitzer

Daniel hat wirklich Glück: Sein bester Freund Tim wohnt nur drei Häuser weiter. Daniel und Tim brauchen noch nicht mal eine Straße zu überqueren, um sich zu treffen. Fast jeden Nachmittag spielen sie zusammen.

Ungeduldig hält Daniel nach seinem Freund Ausschau.

Warum muss Tim denn ausgerechnet heute so spät kommen? Wo Daniel ihm doch unbedingt sein supertolles neues Auto zeigen will! Endlich eins mit Fernsteuerung! Knallrot, und sogar mit Licht!

Das Auto ist ein verspätetes Geburtstags- geschenk von Oma und Opa. Die beiden waren nämlich an Daniels Geburtstag im Urlaub.

Daniel war furchtbar enttäuscht, als kein Auto mit Fernsteuerung bei seinen Geschenken lag. Eine ganze Zeit lang war er richtig schlecht gelaunt.

Trotzdem verrieten Mama und Papa mit keinem Sterbenswörtchen, dass Daniel den Flitzer später noch von Oma und Opa bekommen würde. Das war vielleicht eine Überraschung gestern …!

Daniel und Opa haben mit dem Superflitzer gespielt, bis es für Daniel höchste Zeit war, ins Bett zu gehen.

Opa hatte mindestens so viel Spaß dabei wie Daniel. Das hat Daniel genau gespürt und Opa irgendwann gefragt, warum er sich nicht selbst so ein Auto zum Geburtstag wünscht.

Opa hat erst gestutzt, dann hat er gelacht und gesagt: „Eigentlich hast du Recht, mein Junge! Aber ich glaube, ich bin zufrieden, wenn du mich manchmal mitspielen lässt!"

Das hat Daniel natürlich versprochen. Aber jetzt wartet er ungeduldig darauf, das Superauto Tim zu zeigen. Der wird vielleicht staunen …!

Tatsächlich reißt Tim Mund und Augen auf, als er den Flitzer sieht. „Gibst du mir mal die Fernsteuerung?", fragt er, noch ehe er sich aus seiner Jacke gepellt hat.

Aber Daniel schüttelt den Kopf. „Das Ding ist empfindlich, hat mein Opa gesagt! Guck erst mal zu, wie ich es mache."

Stolz führt Daniel seinem Freund alle Tricks vor: Er lässt das Auto vorwärts und rückwärts fahren, beschleunigen und eine Vollbremsung machen.

Tim wird immer ungeduldiger. „Ich will auch mal!", ruft er.

Doch Daniel hält die Fernbedienung eisern fest. „Später!", sagt er immer wieder. „Guck doch bei mir zu!"

Aber Tim will nicht mehr nur zugucken. Wütend reißt er Daniel die Fernbedienung aus der Hand.

„Hey, gib sie wieder her!", schreit Daniel und stürzt sich auf Tim.

Der versucht auszuweichen, stolpert aber dabei über eine Spielzeugkiste. Schon fliegt die Fernbedienung in hohem Bogen durch die Luft und kracht genau auf den Superflitzer!

Die beiden Jungen erstarren. Dann greift Daniel nach der Fernbedienung und probiert schnell alle Knöpfe aus.

Aber außer einem leisen Summen tut sich nichts mehr.

„Du hast mein Auto kaputtgemacht, du Idiot!", schreit Daniel. „Hau bloß ab!"

Tim ist blass geworden. Wortlos steht er auf und holt seine Jacke. Krachend fällt die Haustür hinter ihm ins Schloss.

Verwundert steckt Daniels Mutter den Kopf ins Zimmer. „Was ist denn hier los? Ist Tim schon weg?", fragt sie.

Daniel schluckt. „Tim hat meinen Flitzer kaputtgemacht!"

„Zeig mal her!" Mama untersucht zuerst das Auto, dann die Fernbedienung. „Hmm", macht sie. „Ich glaube, dein flotter Flitzer braucht nur eine neue Batterie!"

Tatsächlich: Kaum hat Mama die Batterie ausgetauscht, fährt das Auto genauso gut wie vorher. Aber richtig freuen kann sich Daniel nicht darüber. – Wie soll er nur die Sache mit Tim wieder in Ordnung bringen?

„Ruf ihn doch an!", meint Mama.

Daniel zögert. „Kannst du das nicht machen?"

„Na, hör mal!" Mama schüttelt den Kopf. „Das musst du schon selber regeln! – Tim fühlt sich bestimmt genauso elend wie du!"

Seufzend greift Daniel zum Telefon.

Tim ist gleich am Apparat. „Was gibt's?", fragt er knapp.

Daniel räuspert sich. „Ich wollte dir nur sagen, dass das Auto wieder in Ordnung ist. War nur die Batterie."

„Hmm", macht Tim. „Sonst noch was?"

Daniel druckst. „Ich ... äh ... hab mich wohl eben ziemlich blöd benommen, was?"

„Kann man sagen", meint Tim.

„Tut mir Leid! Wirklich!", sagt Daniel ziemlich kleinlaut. „Kommst du wieder rüber? Bitte! Du kriegst auch gleich die Fernbedienung."

Schweigen.

Daniel horcht ange-spannt ins Telefon. Endlich hört er Tim leise kichern.

„Hätte auch keine Lust gehabt, mich nochmal mit dir um das blöde Ding zu kloppen!"

„Brauchst du auch nicht!", ruft Daniel erleichtert. „Bis gleich also."

„Bis gleich!"

Und wer in der Mozartstraße sehr gute Ohren hat, hört zwei große Steine von zwei kleinen Herzen purzeln.

Versöhnungskuchen

Leonie ist bei Oma Hanna zu
Besuch. Für eine ganze Woche!
Erst nächsten Sonntag wird
Papa sie wieder abholen.
Da haben die beiden viel Zeit
füreinander!

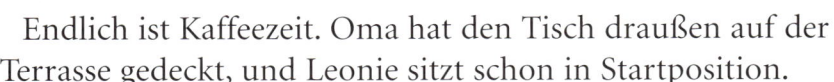

Gleich heute Früh hat Oma
mit Leonie einen Pflaumenkuchen gebacken.

„Hmm ...!" Leonie
schnuppert. Ob der
Kuchen so gut schmeckt,
wie er duftet? Bestimmt!

Endlich ist Kaffeezeit. Oma hat den Tisch draußen auf der
Terrasse gedeckt, und Leonie sitzt schon in Startposition.

„Oma, wo bleibst du denn?", ruft sie ungeduldig. Leonie schaut
sich um. Auf der Terrasse nebenan sitzt eine ältere Frau und
blättert in einer Zeitschrift.

Leonie winkt freundlich hinüber, aber die Frau scheint sie nicht
zu bemerken. Sie reagiert jedenfalls nicht.

Da ist Oma Hanna endlich. „Lass mal, Leonie!", sagt sie leise.

„Die Frau Möller von nebenan und ich, ... na ja, wir kommen nicht so gut miteinander aus."

Sofort ist Leonies Neugier geweckt. „Warum denn nicht?", fragt sie.

Oma winkt ab. „Ach, das ist eine alte Geschichte: Als Mara, meine Collie-Hündin, noch lebte, da hat Frau Möller mal behauptet, Mara habe ein Häufchen vor ihre Garage gesetzt. Dabei stimmte das gar nicht! So was hätte Mara nie gemacht, weißt du. Na ja, und da haben Frau Möller und ich uns gestritten. Und seitdem ..." Oma macht eine unbestimmte Handbewegung.

„... seitdem redet ihr nicht mehr miteinander?", fragt Leonie ungläubig.

Oma Hanna nickt. „Seit fast fünf Jahren. Aber ich habe mich daran gewöhnt! – Oje, jetzt habe ich ganz vergessen, Sahne zu schlagen! Warte, das mache ich noch schnell, ja?"

Kaum ist Oma wieder in der Küche verschwunden, schiebt Leonie kurz entschlossen ein großes Stück Kuchen auf einen Teller und geht damit zum Gartenzaun. Sie holt tief Luft, bevor sie laut hinüberruft: „Mögen Sie vielleicht auch ein Stück Kuchen? Er ist mit Streuseln!"

Frau Möller auf der anderen Seite des Zauns blickt erstaunt auf. Nur zögernd legt sie ihre Zeitschrift beiseite und kommt näher. „Ja, also ... ich weiß nicht ...", sagt sie unsicher.

Auffordernd hält ihr Leonie den Teller hin. „Pflaumenkuchen! Sogar noch ein bisschen warm! Wir haben ihn selbst gebacken!"

„Tja, dann ... Also gut! – Vielen Dank, Kleine!" Mit puterrotem Gesicht greift die Nachbarin nach dem Kuchenteller und verschwindet damit fluchtartig in ihrem Häuschen.

Als Oma Hanna kurz darauf mit einer großen Schüssel Schlagsahne zurückkommt, sitzt Leonie schon wieder auf ihrem Platz.

„Na, hast du doch schon ein Stück verputzt?", fragt Oma und zeigt lächelnd auf die große Lücke im Pflaumenkuchen.

„Hmm", macht Leonie undeutlich und senkt den Blick auf ihren Teller.

Als Oma und Leonie später beim Abendbrot sitzen, läutet es plötzlich.

„Nanu, wer kann das denn noch sein?", wundert sich Oma und eilt auch schon zur Tür.

„Oh! Frau Möller!?", sagt Oma Hanna erstaunt.

Vorsichtig linst Leonie durch den Türspalt. Tatsächlich, Omas Nachbarin!

„Entschuldigen Sie die Störung, Frau Wagner!", hört Leonie die Besucherin sagen. „Ich wollte Ihnen nur rasch Ihren Teller zurückbringen. Der Pflaumenkuchen war wirklich wunderbar, vielen Dank nochmal! – Tja, und als ich eben diesen Gemüsestrudel hier fertig hatte, da dachte ich, ... dass der vielleicht auch Ihrer Enkelin schmecken würde."

„Oh ... äh ... danke, sicher!", hört Leonie Oma Hanna stammeln. „Das ist wirklich nett von Ihnen!"

„Gern geschehen", sagt Frau Möller, „und grüßen Sie die Kleine von mir!"

„Das mache ich. Danke!"

Die Tür wird geschlossen. Leonie schlüpft schnell wieder auf ihren Platz. Ob Oma jetzt wütend ist?

Nein, Oma Hanna lächelt, als sie Frau Möllers Gemüsestrudel auf den Tisch stellt. „Manchmal seid ihr Kinder viel klüger als wir Erwachsenen!", sagt sie und schneidet sich lächelnd ein Stück vom Gemüsestrudel ab.

Für immer – Pia ...

Bis letzte Woche haben Ben und Pia Tür an Tür gewohnt. In einem Haus, auf einem Flur, Wand an Wand.

Jeden Tag haben sie sich mit Klopfzeichen Guten Morgen gesagt und am Abend Gute Nacht gewünscht.

Ben und Pia gehören einfach zusammen, spätestens seit der Sache vor zwei Jahren. Da hat Ben Pia gerettet!

Ben erinnert sich noch genau daran: Pia war mit ihrer Mama gerade in das Haus eingezogen, in dem auch Ben mit seinen Eltern lebte. Zuerst hatte sich Pia mit dem dicken Arne von gegenüber angefreundet. Den konnte Ben sowieso noch nie leiden.

Eines Tages hat dieser Arne Pias Hausschlüssel in der großen Sandkiste vor dem Haus eingebuddelt – nur so aus Blödsinn!

Dann hat der gemeine Kerl sich verdrückt, und Pia hat gemerkt, dass sie ganz dringend aufs Klo muss. Und ihre Mama war kurz einkaufen gegangen.

Wie sollte Pia nun in die Wohnung kommen?

Ungeduldig hat sie im Sand nach dem Schlüssel gesucht – ohne Erfolg. Und dann ist Ben gekommen. Er hat den Schlüssel sofort gefunden. Und dann hat er Pia an der Hand genommen und ist mit ihr zum Gebüsch neben dem Spielplatz gerannt. Dort hatte er Wache gehalten, bis Pia mit Pipimachen fertig war. Bis hoch in die Wohnung hätte Pia es nämlich nicht mehr geschafft! Ja, und von da an waren Ben und Pia unzertrennlich.

Aber jetzt ist alles anders.

Letzte Woche ist Ben mit Mama, Papa und den neugeborenen Zwillingen weggezogen, in ein kleines Haus am Stadtrand.

Hier ist alles noch furcht-bar fremd für Ben!

Seine Eltern sind den ganzen Tag mit Auspacken, Einräumen und den ewig krähenden Zwillingen be-schäftigt. Keiner hat Zeit für Ben. Deswegen wartet er jeden Nachmittag ungeduldig auf den Anruf von Pia.

Heute hat sie große Neuigkeiten: „Stell dir vor, gerade sind eure Nachmieter einge-zogen. Sie haben auch einen Sohn. Er heißt Dennis und ist nur ein Jahr jünger als wir!"

Ben ist wie vor den Kopf geschlagen. „Das ist ja, ... äh, toll!", stammelt er.

„Ja, nicht wahr?" Pia ist ganz aus dem Häuschen. „Weißt du, ich war so traurig in den letzten Tagen, weil du nicht mehr da bist. Und jetzt geht's mir ein klein bisschen besser!"

„Das ist ja schön", presst Ben hervor. „Du, ich muss Schluss machen, die Zwillinge schreien so, ja? Bis morgen!"

Rasch legt Ben den Hörer auf. Er kämpft mit den Tränen.

So schnell hat Pia einen neuen Freund gefunden! So schnell hat sie ihn, Ben, ausgetauscht! Bestimmt wird sie ihn schon bald ganz und gar vergessen haben! Das ist echt gemein!

Am nächsten Tag achtet Ben darauf, dass er nicht da ist, als Pia anruft. Er will nicht noch mehr tolle Neuigkeiten über diesen doofen Dennis hören!

Mama erzählt später, dass Pia auf den Anrufbeantworter gesprochen und gefragt hat, ob Ben zurückruft.

Ben zuckt mit den Achseln. Bald wird Pia sowieso nicht mehr anrufen. Sie hat ja jetzt diesen Dennis.

Und tatsächlich! Am nächsten Tag ruft Pia wirklich nicht an.

Dafür liegt am Morgen darauf ein dicker Umschlag im Briefkasten. Er ist für Ben! Es steht kein Absender drauf.

Aber Ben weiß sofort, von wem der Brief ist. Ungeduldig reißt er den Umschlag auf. Ein weißes Blatt Papier kommt zum Vorschein. Darauf klebt ein kleines rotes Marzipanherz mit fünf dicken, fetten Ausrufezeichen dahinter, darunter nur zwei Namen, krakelig, aber lesbar: „PIA + BEN.“

Ben schluckt. Er greift zum Telefon und wählt die einzige Nummer, die er auswendig kann: „Pia, hier ist Ben! Ich habe gerade deinen Brief bekommen! Sag mal, willst du mich morgen besuchen …?“

Katja Reider.

... geboren 1960 in Goslar, arbeitete nach dem Germanistik/Publizistik-Studium als Pressesprecherin des Wettbewerbs *Jugend forscht* – bis sie 1994, kurz vor der Geburt ihres ersten Kindes, zu schreiben begann.

In rascher Folge entstanden zahlreiche Kinder- und Jugendbücher, die in viele Sprachen übersetzt wurden. Katja Reider lebt mit ihrem Mann und ihren beiden Kindern als freie Autorin in Hamburg.

Kerstin Völker.

... geboren 1968 in Bad Schwartau, lebt und arbeitet heute in Hannover. Nach dem Grafik-Design-Studium, Praktikum und anschließender freier Mitarbeit in der Werbung liegt der Schwerpunkt ihrer Arbeit heute in der Illustration von Büchern, Zeitschriften und Spielen für Kinder aller Altersgruppen. Gelegentlich ist sie auch selbst als Autorin tätig – seit 1999 inspiriert durch Töchterchen Matilda.

Geschichten, die Kindern helfen!

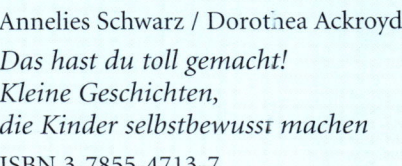

Annelies Schwarz / Dorothea Ackroyd

Das hast du toll gemacht!
Kleine Geschichten,
die Kinder selbstbewusst machen

ISBN 3-7855-4713-7

Ingrid Uebe / Ines Rarisch

Komm in meine Arme!
Sanfte Geschichten,
die Kinder beruhigen

ISBN 3-7855-4346-8

Sabine Kalwitzki / Julia Ginsbach

Du schaffst das schon!
Mutgeschichten,
die Kinder stark machen

ISBN 3-7855-4159-7

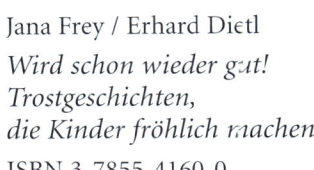

Jana Frey / Erhard Dietl

Wird schon wieder gut!
Trostgeschichten,
die Kinder fröhlich machen

ISBN 3-7855-4160-0

Loewe